MEMÓRIAS EM POESIAS

AURELIANA DA SERRA

2017

Ficha Catalográfica

Arte da capa: Mariane Yumi Oikawa

Apoio técnico: Professora Cleidimar Dalben Rastelli

Facebook: Joana Maria Vilela

Joana.simoni@terra.com.br

APRESENTAÇÃO

O presente trabalho teve como objetivo relatar memórias de acontecimentos do cotidiano através de poesias.

Autora: Joana Maria Vilela de Simoni

Pseudônimo: Aureliana da Serra

2017

AGRADECIMENTO

Agradeço a Deus pela vida e proporcionar-me este dom e o prazer em transformar os acontecimentos cotidianos em poesias. Pois a arte de escrever traz-me, muitas vezes, certo alívio sobre alguma vivência ou experiência, seja ela boa ou ruim.

Agradeço a minha família e, principalmente, a minha filha Alana pela paciência e compreensão. Aos meus alunos e ex-alunos que, por muitas vezes, deram-me inspiração.

Agradeço a todos os meus amigos, profissionais de trabalho, em especial as minhas amigas, professoras de Língua Portuguesa, que nunca mediram esforços em ler minhas poesias.

2017

"O saber a gente aprende com os mestres e os livros. A sabedoria se aprende é com a vida e com os humildes".

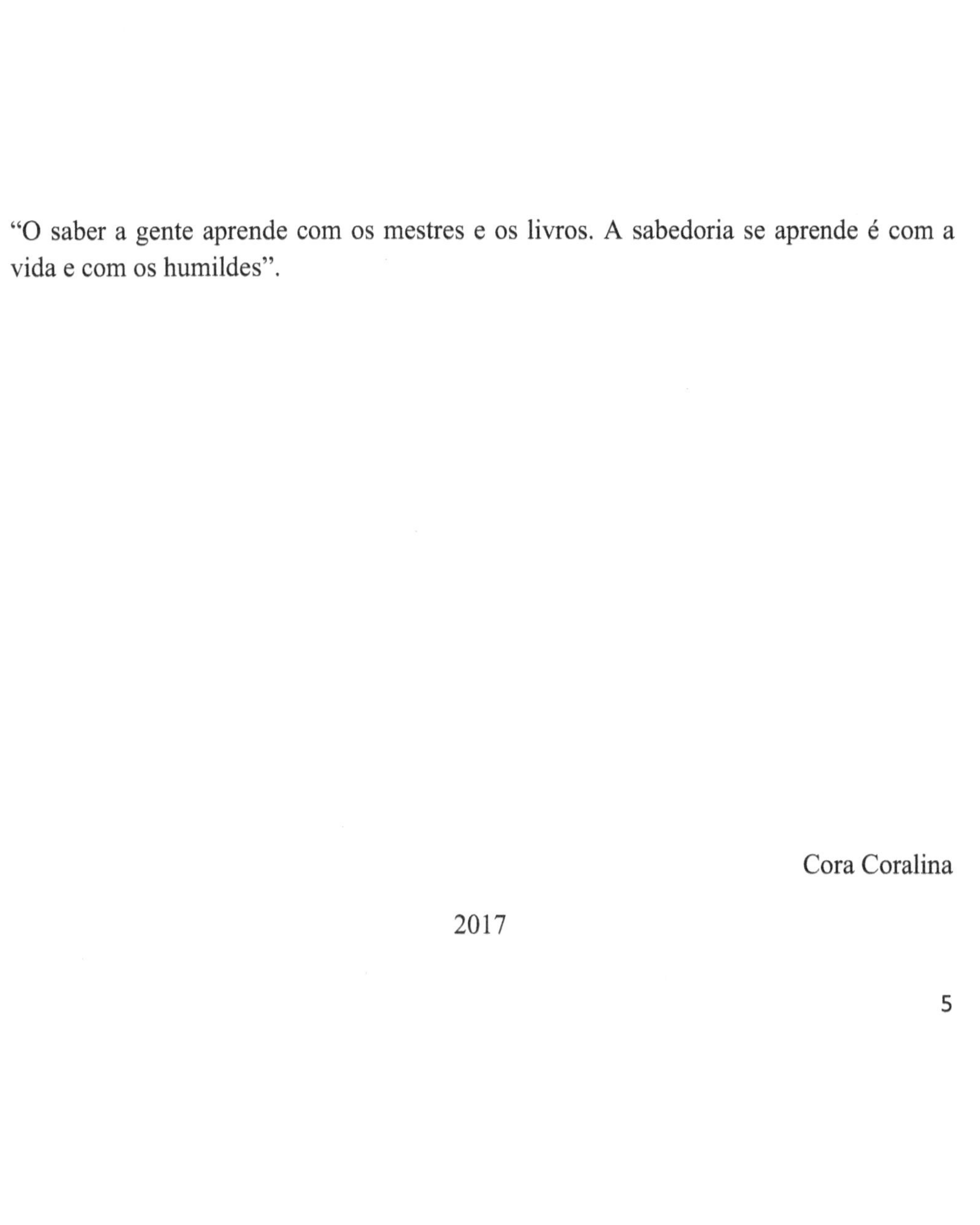

Cora Coralina

2017

SUMÁRIO

2017

UMA BICICLETA SINISTRA

Triste manhã de setembro,

A caminho do trabalho,

Na rodoviária um café,

Em um banco solitário!

Adiante um homem estranho,

Ao lado, uma bicicleta sinistra,

Abro a minha bolsa,

Pego a carteira sem malícia!

O trocado para o ônibus,

Uma questão rotineira,

Quando aquela bicicleta,

Aproxima se derradeira!

Forçadamente,

Com toda violência!

Ousada mão traiçoeira,

Agarra-me a carteira!

Desesperadamente,

Meu grito ecoou na escuridão,

Clamar por socorro,

Foi a única solução!

ASSALTO E DECEPÇÃO

Naquele dia do assalto,

Tamanha foi a decepção,

Parar na delegacia dentro de um camburão,

Lado a lado com o ladrão!

Depois de muito esperar,

Aguardando o delegado

Reconhecer documentação.

Regras da Instituição.

Chegar ao meu trabalho,

Portando a declaração,

Que para nada serviu,

Pois não houve compreensão.

Subordinados ao poder,

Nunca sabem o que fazer,

Nos momentos mais difíceis,

O funcionário defender.

Além de ser assaltada,

Tive as horas descontadas,

Conformei-me com o ladrão,

Mas jamais aceitarei, pois causou me indignação!

O sentimento humanitário,

Raro nesta civilização cruel e perfídia,

Robotizam seres humanos,

Para visar a produção e colocarem na mídia!

SONHO E FANTASIA

Naquele dia do assalto,

Algo foi compensador,

Receber um abraço apertado,

De um homem encantador!

Gentileza em pessoa,

Um amigo professor,

Carismático e simpático,

Mas também conquistador!

Conquistou meu coração!

Descrente, paralisado,

Diante das decepções.

Desencantos do passado!

Homem muito especial,

Com sorriso encantador,

Olhar lindo que transmite

 Alegria, vitalidade e amor!

Entrou em minha vida!

Num carnaval que passou!

Do nada me apaixonei,

Estilo bem diferente, como jamais encontrei!

A fantasia mais linda,

Que alguém já pôde encontrar,

Mergulho em um sono profundo, pois não quero acordar!

Para este sonho tão lindo não acabar!

ÁGUA E VIDA EM EXTINÇÃO!

A vida em nosso planeta,

Corre risco de extinção.

O consumo exagerado,

Já virou obsessão!

Crise hídrica que se alastra,

Causando preocupação,

Comprometendo a vida

Da futura geração!

As autoridades conclamam

Toda a população

A fechar as torneiras,

Como sendo a solução!

É preciso compreender,

Água não está só na torneira,

Esta água é visual,

Muito pouco se comenta sobre a água virtual,

Que está presente em tudo.

De alimentos a caminhão,

E nas roupas, nem se fala!

Agricultura, não se faz sem água não!

O aquecimento global é fato.

Há muito tempo comprovado,

Mas ainda, para muitos,

Continua ignorado!

Temperaturas que aumentam,

Tempestades a caminho.

Para não se comprometer,

O melhor é culpar o El Nino!

Escassez e desperdício,

De produtos variados.

Propagandas estimulam

Consumismo exacerbado!

O nosso futuro é incerto,

Com tamanha destruição.

Não podemos ter nascentes,

Sem repor vegetação!

PELA PRIMEIRA VEZ SE APAIXONOU

Pela primeira vez,

Sertãozinho visitou,

Era década de 80.

De antemão se apaixonou!

Cidade linda, encantadora,

Como jamais visto igual,

Era noite de verão, dançar era a opção,

O clube, lugar bonito que se chama Associação!

Jamais imaginou no futuro,

Magistério ser a sua profissão,

 Há mais de uma década, trabalhar nesse lugar,

Quase virou uma missão!

Ulisses Guimarães,

É o Bairro,

CAIC é a escola,

Que traz no coração!

GELÉIA DE PIMENTA

Fazer geleia,

 Dá-me prazer, inspiração!

Exótica e picante,

Cheiro exuberante.

Ardência adocicada,

É o seu sabor,

Do místico oriente,

Pimenta vermelha!

Que lembra fogo,

Chama quente,

Paixão ardente, coração carente,

Carente de amor!

IDENTIDADE ROUBADA

Sempre foi discriminada,

De criança, moça e mulher,

A escola mandou a embora,

Dizendo ser incapaz de aprender.

A família despreparada,

Não sabendo o que fazer,

Privando a de quase tudo,

Impedindo a de viver.

Em cidade pacata viviam,

Onde todos se conheciam,

Por ironia do destino,

Para capital se dirigiram.

A situação só piorou,

Isolada de tudo ficou,

Mas as lembranças da memória,

O tempo jamais apagou.

Porém, a falta de conhecimento,

Somado, à discriminação,

Uma sociedade injusta e fatal deixa um ser humano inocente,

Ser tratado como um débil mental.

Por várias vezes internada,

Até mesmo acorrentada,

Cansada de tanta maldade,

Foi perdendo a identidade.

Por várias vezes trocou o seu nome e a sua idade.

E quanto conflito gerou sua personalidade,

Se não fosse o atraso.

Daquela sociedade!

ABSTENÇÃO NÃO COMBINA COM ELEIÇÃO

Outubro, mês de eleição,

Como sendo bons cidadãos,

Ir às urnas elegerem candidatos,

Era a nossa obrigação.

Mas estamos tão descrentes,

Diante da corrupção,

Como forma de protestos

Houve grande abstenção!

Porém, este não é o caminho,

Continuar agindo assim,

Velhas raposas permanecerão

No domínio!

Uma população consciente

Nunca deixa de votar,

Sabem dar importância,

Aos que nos irão governar.

Depois de fazermos "caca",

Não resolve reclamar,

Serão quatro anos de angústia,

Que parecem não passar!

FAMÍLIA EM TRANSFORMAÇÃO

A família hoje em dia,

Passa por transformação,

Há casais que se separam,

Desestabilizam a união!

Há casais do mesmo sexo,

Com direitos à adoção,

De crianças sem famílias,

E que buscam proteção!

Até que a morte os separe.

Um termo bastante usado

Em cerimônias religiosas,

Já não mais considerado.

Com a mulher independente

Fazendo carreira no trabalho,

Não se prende a um casamento

Que só lhe traz sofrimento.

Quando há filhos pequenos

E não conseguem entender,

Muitas vezes divididos,

Pois não sabem o que fazer!

O importante neste caso,

Mesmo com a separação,

É o casal ficar amigos

Cuidando sempre dos filhos, frutos dessa união!

O QUE SOMOS E O QUE SONHAMOS!

Para realizar o Brasil

Como um país desenvolvido.

É preciso consciência

E o povo sempre unido!

Somos ricos em recursos

Naturais e culturais.

Sempre abertos para o mundo.

Alegria e simpatia são o que mais temos a dar!

Com localização estratégica,

Um cenário exuberante.

Somamos o samba e o futebol.

Causamos inveja aos visitantes!

Espaço físico é o que temos,

 Para produzir alimentos.

Podemos ser um celeiro,

Produzindo suprimentos!

No entanto precisamos

Melhorar alguns quesitos.

Educação por exemplo,

Pois nos faltam requisitos!

Resolvendo este problema

Podemos ir adiante, superando obstáculos,

Com mais jovens preparados, não somente a trabalhar,

Mas que tenham competência, sobretudo, a pensar, e que saibam governar!

E assim, desta maneira,

Teremos uma população

Consciente dos direitos

E de obrigações!

Pois unindo lideranças

A esse povo considerado gentil.

Num futuro, não muito próximo,

Há de se chegar a hora de realizar o Brasil!

DENTISTA, UM ANJO IMPONENTE.

Como sorrir perfeitamente!

Profissão majestosa,

Cuida de nossos dentes,

Com suas mãos gloriosas!

Ter medo de dentista, até parece comum,

Anestesia causa agonia, arrepia,

Imaginem como era, quando esta nem existia.

Difícil deveria ser o trabalho do dentista no seu dia a dia.

Hoje com tudo moderno,

Não mais podemos temer.

Devemos somente agradecer

Ao profissional competente por cuidar dos nossos dentes.

Terrivelmente, a dor de dente,

Dor que sufoca, incansavelmente,

Dentista, um anjo imponente,

Alivia a dor do paciente!

VAMOS TER DE APRENDER

Escola é para todos,

Assim deveria ser.

Mas com metodologias antigas,

É difícil acontecer.

Quase todos estão na escola,

Mas não querem aprender

O que o professor ensina.

Então gera indisciplina.

O professor está perdido,

Não sabendo o que fazer,

Se não mudarmos o rumo,

Podemos enlouquecer!

O celular virou mania

Desta nova geração,

Fascinada pela mídia,

Quase sem concentração.

Ensinar ficou difícil,

Vamos ter de aprender,

Com um método inovador,

Para continuar professor!

ISOLAMENTO PERMANENTE

Prestem muita atenção!

Na história que vou contar

Tem pessoas se matando,

Por conta do celular!

Desligam-se totalmente,

Mensagens no Facebook e WhatsApp.

Em algum lugar neste instante,

Pessoas morrem por bobagens!

No transe da comunicação

Em um mundo virtual.

Seres humanos aos milhões,

Nesta rede de ilusões!

Concentração deficitária!

Sem distinguir faixa etária,

Já virou doença emocional.

Uma epidemia mundial!

A comunicação atual,

Passa por transformação

As pessoas se isolam

Com um aparelho na mão.

Famílias na mesma casa,

Trocam mensagens virtuais,

Muito raro é o diálogo,

Entre os filhos e os pais.

Isolamento permanente, neste século XXI,

Na sociedade moderna,

Até quando resistir!

Doenças emocionais serão eternas.

Vermífugo e melhoral

Era medicamento infantil.

Hoje já é comum,

A ritalina e o rivotril.

EDUCADOR: PROFISSÃO EM EXTINÇÃO

A tarefa de educar,

Para poucos reservados,

Professor educador,

Há muito tempo desvalorizado.

Cobranças e mais cobranças,

Dizem até em regalias,

Enfrentar sala de aula está causando agonia,

No difícil dia a dia.

Tarefas nos atribuem,

Da família todos os dias,

Grande erro do passado,

Tratar professora como tia.

Diante das injustiças,

Não devemos nos calar.

Resgatar nosso prestígio, um direito,

Que não podemos nos negar.

Para tão nobre profissão,

Transformar a sociedade deve ter o seu valor,

Pode chegar o momento

 De não haver professor!

Cursos de licenciatura deixam de existir,

Jovens universitários tentam resistir.

Quase já não há professores,

Para grande missão cumprir.

Profissional de prestígio no passado,

Era destaque na sociedade.

Com tamanho descaso e desvalorização,

A profissão de educador entra em extinção.

UM SÉCULO DE ESTADÃO, IMPONENTE CONSTRUÇÃO.

Há cem anos, na serra de Jaboticabal,

Imponente prédio em construção,

Homenageia Aurélio Arrobas,

Esta escola é o Estadão.

Fez história na cidade,

Formando bons cidadãos,

Muitos nomes aqui passaram,

Grandes mestres ensinaram.

Um salão nobre, glamoroso,

Para eventos especiais contemplar.

A música clássica nos pianos,

Jamais poderia faltar.

O magistério era o curso

Para as moças em formação,

Pois deixaram o seu legado,

Diante da alfabetização.

Era orgulho na cidade

Estudar no Estadão,

Escola com referência,

Por toda a nossa região.

Formou técnicos contadores,

Sempre com bons professores.

Na aula de redação, era obrigação aprender,

Redigir documentos, de ofício à procuração era preciso saber.

A mecanografia era no porão.

Na matemática só diversão.

Não há quem não se lembre

Da mãozinha do Mourão.

Depois de um século de existência,

O Estadão continua imponente, com equipe competente,

Exercendo a profissão e tentando formar cidadãos conscientes,

Crianças, jovens, adultos e adolescentes!

Vamos comemorar centenário com bastante comoção.

Festejos e homenagens a todos que aqui passaram, dia após dia,

Este virou tradição, diretor de muitos anos, dedicação igual não havia,

Foi o saudoso professor Rolando José Gonçalves Dias!

VELHAS RAPOSAS

Tem pessoas se achando,

Pelas redes sociais,

Pagando de conquistador,

Para ganhar eleitor.

Disfarçam se de amiguinhos,

Mas são cabos eleitorais,

Cupinchas de políticos garimpando votos

Para eleições municipais.

Temos sempre espertalhões,

Querendo levar vantagens,

São incompetentes e fracos,

Verdadeiros puxa sacos.

A Maria vai com as outras,

Guiados por interesses,

Sem opinião formada, uma pessoa banal,

Pois não querem se dar mal.

Essas velhas raposas,

Que tentam usar pessoas, sutilmente,

Segundo os seus interesses,

Não nos pegam facilmente.

Quando temos opinião formada,

Somos sinceros e autênticos.

Há de nascer ainda o tal sujeito

Que nos convença!

A mudar de opinião,

Não nos engana facilmente,

Só lamento, quando nos vem com o milho,

Já comemos o fubá há muito tempo!

OLHOS AZUIS

Numa tarde fria de julho,

Uma viagem realizou,

Para conhecer um alguém,

Que na internet encontrou!

Pessoa muito simpática,

Aparência de homem gentil.

Olhando em seus lindos olhos,

Grande paixão surgiu.

A cada dia que passava,

Muito mais apaixonada.

Porém, o maior presente,

Foi ser sua namorada!

Compartilhamos bons momentos.

E, por conta de pensamentos,

Tudo se fez desmoronar.

Com o coração partido, foi difícil aceitar.

No entanto, a maior tristeza,

Após meses de emoção,

Foi suportar, sem dúvidas.

A grande dor da traição!

Mas vivemos a perdoar.

E temos a convicção,

Que os lindos olhos azuis,

Jamais deixará de lembrar.

CIRCO UMA CULTURA MILENAR

Como podemos permitir

Que as maldades pelas redes,

Impeçam as crianças de sorrir?

O circo com sua magia vem deixando de existir.

Na cultura milenar já havia.

Encantava adultos e crianças, suas fantasias.

Era contagiante nostalgia,

Ver o palhaço fazer peripécias com tamanha alegria.

Sendo este a atração principal,

Alegria para todos,

Criançada, quem diria essa tal fantasia,

Virar grande pesadelo algum dia.

Espalha se medo pelas redes,

Terror, maldade e violência.

Com a imagem do palhaço

Causando pânico e suspense.

O tal palhaço assassino,

Com sorriso amedrontador

Está a cada dia em um lugar,

Provocando medo e horror.

Vamos ter de resgatar

Essa cultura milenar.

Conquistar nossas crianças para ao circo retornar

E com o palhaço sorrir e se encantar!

A MALA NA CALÇADA

A mala na calçada,

Como esquecer?

Passar por ela,

E nem perceber!

Sintomas do cansaço,

Ano letivo no final,

Concluir a graduação,

Foi o baile de colação.

Férias a caminho,

Emoção, empolgação,

Descanso almejado e esperado,

A mala no chão para abrir o portão.

Amanheceu! Uma voz sussurra na janela.

Susto ao acordar, aquela voz dizia:

 Há uma mala na calçada!

Olho ao meu redor, quem diria, esta mala é a minha!

Lembrei-me da mala no chão,

Ficou na calçada, quando abri o portão.

Na madrugada, a lua e a rua solitárias,

E a mala, a mala na calçada!

SAUDADE

A saudade não só dói,

Ela simplesmente corrói!

Faz chorar o coração.

Deixa na alma um vazio, tristeza e solidão!

Uma dor inexplicável,

Sentimento de impotência, abandono,

Nem tão poucos perceberam,

Saudade, saudade, saudade!

Saudade que mata e acalenta,

Interrompe sonhos, mas não sentimentos!

Destrói fantasias,

Sufoca a alegria.

Lá dentro da gente, de repente,

Tudo se apaga tudo se cala.

Sentimento cruel parece maldade!

Uma doença da alma que se chama saudade!

MAGALHÃES, O COCHEIRO E A MUDANÇA.

Em início de carreira,

Não tendo onde morar,

Uma amiga solidária,

Resolveu me amparar!

Foram três meses apenas,

Até poder encontrar,

Na casa de uma senhora,

Um quartinho para alugar!

Chega o dia da mudança,

Sem dinheiro para gastar,

A solução encontrada,

Foi uma carroça contratar!

Muito cômico e divertido,

Quando encosta o carroceiro,

Senhor Clarício e o animal (in memoriam),

Cujo nome Magalhães, imponente e leal.

À saída da mudança,

Falta alguém a completar.

Vem chegando à amiga (in memoriam),

Essa não podia faltar.

Divertida e engraçada,

Acomoda-se no estribo,

Da carroça do Clarício.

Mudança atrapalhada, o que não faltou foi risada.

O pior desta história,

Pelo centro da cidade a trajetória,

Pagando o maior mico,

Que não me sai da memória!

Quando chegamos ao destino,

Casa da "bondosa" senhora,

Foi o mais cômico que pôde acontecer!

Inverter nomes, do cavalo e cocheiro na hora de agradecer!

SÃO PAULO, A CIDADE EM MOVIMENTO.

As loucuras desta grande cidade,

Ruídos de motores, sirenes e buzinas,

Jatos cortam os céus, estremecem a alma.

Incansavelmente a cidade não para!

Vez em quando o canto de um pássaro,

Perdido entre arranha céus,

Pousa em alguma sacada,

Tentando encontrar a sua morada.

Há muito tempo retirada,

Para o progresso e o crescimento,

Sobre o concreto está localizada,

Cidade, cidade, em movimento!

Nas manhãs o caos se instaura,

A disputa pelo espaço das ruas,

Até parece ficção ver, ao mesmo tempo,

Tantas rodas rolar ao chão!

Finda o dia, quando tudo se repete,

O barulho das buzinas, com as luzes dos faróis,

Este lugar nunca entristece o silêncio almejado

Da cidade em movimento, jamais acontece!

O dia amanhece e tudo novamente,

Cidade moderna é sempre assim,

Ela nunca adormece, renova sua energia!

Movimento é o seu lema, seja noite, ou seja, dia!

De um colégio surgiu, feito tapera de barro,

Onde na areia Anchieta, criança ensinava.

Há quase quinhentos anos, jamais imaginou

Que São Paulo, a metrópole, o seu nome não levou!

LINDA

O primeiro mês do ano,

Janeiro me traz alegria,

Contemplo a felicidade,

De ter sido mãe um dia!

Há pouco mais de duas décadas

Pele branca como a neve, olhos grandes e espertos!

Nascia à bela Alana, cujo significado é linda!

Encanta-me com a beleza, magia e pureza de uma filha!

Amor incondicional!

Um presente mais que divino!

Não tem como negar!

A recompensa por ter um filho!

BEIJA- FLOR

O beija-flor tem sua magia,

Com o néctar se alimenta,

Das flores do meu jardim,

Encanta o meu dia a dia!

A rapidez de suas asas!

Espetáculo natural!

Até parece um balé,

Coisa mais linda, não há igual!

Alegria das manhãs,

Colorindo o meu jardim!

Camarão é a flor,

Que alimenta o beija-flor!

Avezinha delicada,

Agilidade sem igual!

Com o seu longo e delicado biquinho,

Extrai alimento, e sobrevive o passarinho!

A MATILHA DO GERALDO

Há muito tempo na cidade, alimentando os animais,

Generosidade em pessoa, bondade e caridade.

Personagem conhecido, respeitado,

Assim era a o senhor Geraldo!

As sobras dos alimentos,

Nos bares e restaurantes,

Este senhor coletava,

De maneira elegante!

Para a alegria dos animais,

Sua graça e simpatia, enfeitava nossa praça,

Belo cenário de se ver, não havia armadilha,

Para separar o Geraldo de sua matilha!

Os cães eram os seus seguidores,

Saudáveis e bem cuidados,

Pelos brilhosos e macios,

Sempre bem alimentados!

A praça, local do encontro,

Faziam festa, sem igual,

Quando chegava o Geraldo,

Protetor dos animais!

Senhor que ficou na memória,

Pela sua trajetória, fez história na cidade!

Protegendo e amparando os animais,

Um grande personagem de carisma e bondade!

O MOÇO E A FANTASIA

Figura muito popular, esbanjando simpatia,

Este já virou tradição, em nosso dia a dia!

Rapaz bem-apessoado e sempre fantasiado,

Cavalheiro e cordial passeia por Jaboticabal.

De cowboy a violeiro,

Militar ou escoteiro!

Às vezes de quimono ou marinheiro,

Camuflado ou de roqueiro!

Assim vive a perambular,

Pelas ruas da cidade.

Não há quem não o conheça,

Bom de papo, educado e sem maldade!

Faça chuva ou faça sol,

 A sua presença é garantida.

Do raiar ao findar o dia

Lá está o moço em sua fantasia!

Um personagem interessante,

Com alegria e coragem, até já virou reportagem!

Ficarão registrados seus trajes e fantasias,

Na memória da cidade em algum dia!

COM RESPONSABILIDADE PODEMOS RESGATAR O NOSSO CERRADO

O cerrado brasileiro sofre com a devastação.

Avanço de cidades, e a agro exportação!

É preciso preservar a biodiversidade do planeta.

Para que haja equilíbrio, não devemos ser caretas!

A sua rica fauna e flora correm risco de extinção!

O homem está preocupado apenas em destruição!

Objetivo em lucrar destrói- se os mananciais.

As florestas do cerrado quase não existem mais!

O ser humano é egoísta, nem consegue perceber

As consequências danosas, nos quais poderá sofrer!

Para recuperar o cerrado é preciso conscientização,

De um povo educado e preocupado com a futura geração!

É possível produzir, sem ao menos destruir.

É preciso preservar para então recuperar.

Todos juntos e unidos, lado a lado, com responsabilidade,

Podemos devolver ao cerrado a sua sustentabilidade!

SOLIDÃO

A solidão não somente dói,

Sentimento da alma que corrói.

Uma tristeza sem fim,

E quantas pessoas vivem assim?

Solidão é não viver,

Querer falar e não poder.

É se isolar sem perceber,

Chorar por dentro para se esconder!

Mas podemos reverter!

Uma caneta e um papel para escrever,

Talvez seja a solução, relatar com emoção,

Os pensamentos da alma e também do coração!

O BANHEIRO E O CADEADO

Nesta cidade tudo acontece!

Lugar de passagem, transitório.

Quando senti a necessidade,

Fez me usar na rodoviária o mictório.

A mais estranha façanha,

Foi cômico, tenso e engraçado.

Ficar presa no banheiro,

Com um enorme cadeado.

Bateu-me o desespero,

A saída foi o celular.

Discar 190,

E a polícia acionar!

Mas era o meu dia de azar.

O policial que atendeu,

Nada pode fazer.

Teve uma vítima de raio e a viatura foi socorrer!

Para a minha felicidade,

Um casal se aproximou.

Vamos procurar o responsável,

Que no banheiro a trancou!

Foram minutos de horror!

Até chegar o zelador,

Portando o molho de chaves,

E aliviar-me do terror!

SE ESTA RUA FOSSE MINHA, MAS NÃO É.

Ah se esta rua fosse minha!

Nada eu poderia fazer,

Este espaço é coletivo!

Lugar de todos para trânsito, festa, cultura e lazer.

Pois ficou deteriorada,

E quase sem vivência.

Os seus moradores se escondem,

Com medo da violência!

Nossas ruas no passado,

Desempenhavam a sua função,

De destaque nas cidades,

Que nos causam emoção!

Brincadeiras de crianças,

Bate papo nos portões.

Festas com moradores,

Que tomavam quarteirões.

Agora ela é a vilã,

Com ruídos de motores.

Sem falar da violência,

Que nos provocam horrores.

Mas podemos resgatar a identidade,

Deste espaço social de nossas cidades.

Com projetos coletivos, recuperar,

Devolver às nossas ruas, a paz e a tranquilidade de cada lugar!

MENTES DOENTES

Famílias se esgotam,

 E sentem a dor.

Causando lhes impactos,

 Medo e terror.

Fechar os olhos ao problema,

 É sermos coniventes,

Vamos continuar o dilema,

 Com tantas mentes doentes.

A doença mais terrível,

Que um ser humano pode ter.

É a dependência química,

E não querer se refazer.

Uma vida sem valor,

Degradante, desperdiçada.

Uma questão social,

Sem distinção de camada.

Provoca medo e angústia,

Um ser humano moribundo.

A mercê da violência,

Causando-nos impotência.

Seja pobre, ou seja, rico,

De qualquer faixa etária.

Perde se a dignidade,

Perante toda a sociedade.

Maltrapilhos e maus cheirosos,

Amontoam se pelas ruas.

Ignorados, nas cidades,

Perderam a identidade!

CUSTÓDIO: EDUCADO, EDUCADOR.

Sertãozinho realiza evento muito importante,

De grande cunho cultural,

Envolve todas as escolas,

Da educação básica municipal.

Cada Instituição homenageia,

Uma pessoa especial.

Que consta em seu arquivo,

Assim é a feira do livro.

Este ano o CAIC vai homenagear,

Ex-funcionário querido,

Com honra estará no pódio.

Fez história na escola, o seu nome é Custódio.

Paciente, carismático,

Educado, educador.

Conselheiro das crianças,

Que agia com muito amor.

Tinha o dom de ser ouvido,

Pelas salas onde passava.

As crianças e os adolescentes,

Jamais o desrespeitavam.

CONSIDERAÇÕES FINAIS

Memórias em poesias faz parte de vários acontecimentos corriqueiros que foram acontecendo no decorrer da minha vida. Alguns deles tristes, outros cômicos e engraçados. Encontrei-me na arte de escrever poesias, um meio para poder transformar a maioria das vivencias negativas em algo prazeroso. A cada poesia que compunha, percebia certo alívio, como se tivesse feito uma terapia e assim poder rir e debochar das mazelas e peças que a vida nos prega. Portanto, a arte de escrever provoca em nós uma sensação de liberdade.

A autora

Joana Maria Vilela de Simoni, Formada em Licenciatura Plena em História, Geografia e Pedagogia pela Faculdade de Educação São Luís de Jaboticabal-SP. Especialista em Geografia pela mesma faculdade e pela UNESP de Presidente Prudente-SP, no projeto Redefor da Secretaria de Estado da Educação do Estado de São Paulo. Atualmente, aposentada como professora de Geografia, na Educação Básica, pela rede pública do Estado de São Paulo. Porém, titular de cargo efetivo na Secretaria de Educação Municipal de Sertãozinho-SP há mais 14 anos.

Natural de Bebedouro-SP, residente no município de Jaboticabal há mais de 30 anos. Cheguei aqui no início dos anos de 1980 para trabalhar como empregada doméstica, morando com os patrões para garantir os estudos. Iniciei a carreira docente no ano de 1991 no município de Barrinha-SP, onde atuei por 14 anos. Vejo na escrita uma arte que exalta a alma, transborda o coração de alegria, satisfação e realização.

www.ingramcontent.com/pod-product-compliance
Lightning Source LLC
Chambersburg PA
CBHW030407160726
47992CB00007B/3005